AF271952

Doris Minck

Gesellschaft
perVers

ISBN 3-89811-223-3
Herstellung Libri Books on Demand

Gesellschaft
Was ist das?

Wer sich mit dem Begriff "Gesellschaft" beschäftigt, stößt über kurz oder lang auf das Wort "sozial". Die hierzu vorhandenen Definitionen, wie beispielsweise gesellig und gesellschaftlich, führen ohne Umweg zum Ausgangspunkt der Überlegungen. Man ist direkt wieder bei der Gesellschaft.

Irritiert war ich allerdings, als ich irgendwo las, der Gegensatz zu sozial sei "individuell" und "egoistisch".

Besteht die Gesellschaft nicht aus lauter Individuen? Und das ist gut so, wenngleich auch auf allen Ebenen versucht wird, diesem Fakt entgegenzuwirken.

Ganz deutlich wird dieses Vorgehen in der Politik. Durch Gleichmacherei der Gesellschaftsmitglieder vereinfacht sich die innere Verwaltung des Gemeinwesens.

Dieses Bestreben ist nicht nur in der Politik zu erkennen, sondern überall da, wo Menschen etwas gemeinsam tun wollen oder auch müssen, sich also Gesellschaften formieren.

Eine solche Gesellschaft, da wir ja thematisch bei der Politik sind, ist auch jede x-beliebige Partei.

Mit den nachfolgenden Versen versuche ich einmal, meine Sichtweise humorig darzulegen.

Hallo, Sie da! Ja, Sie!
Sind Sie noch frei?
Wir suchen Mitglieder für die Partei.

Sie brauchen nichts wissen
und nichts können.
Sie müssen uns nur Ihren Namen nennen.

Auch dies ist nicht wichtig,
nur für die Kartei.
Sehen Sie, so geht es,
nun sind Sie dabei.

Ein paar Mark als Beitrag
sind noch zu erheben.
Sie wissen ja,
eine Partei, die muß leben.

Soweit das Formale,
jetzt kommt der Kern,
Sie sagen nur noch,
was Sie von uns hör'n.

Vergessen Sie alles,
und seien Sie frei,
Ihr Leben, das regelt
fortan die Partei.

Na, toffte, wie Sie so reüssieren,
nun wird es Zeit, daß Sie avancieren.

Der Text, den Sie
neulich von sich gaben,
war absolut sinnlos,
so wollen wir's haben.

Sie sind der Typ,
der uns hier noch fehlt.
Jetzt werden Sie
in den Vorstand gewählt.

Als nächstes steht an
eine große Wahl.
Sie sind unser Mann,
das ist doch normal.

Wenn Sie geschickt
das Volk irritieren,
können die Wahl wir
gar nicht verlieren.

Doch reden Sie nicht
von Alltagsproblemen.
Das wird Ihnen alle Chancen nehmen.

Hier, lesen Sie mal
die "Infas"-Notizen.
Die anderen kommen
langsam ins Schwitzen.

Geschafft, geschafft!!!
Wir können regieren
und weiter das Volk
aus den Augen verlieren.

Nun üben Sie Nichtstun,
denn das Mandat
wird gut honoriert,
wenn man ständig nichts tat.

Wir lassen Sie jetzt
alleine fungieren.
Irgendwann wird man Sie
dann pensionieren.

Ihr Konto ist voll
und im Haben steht
eine tolle Pension
nach der letzten Diät.

Wir dürfen, Sie wissen,
keine Zeit mehr verlieren,
ein "Neuer" ist
schnellstens zu rekrutieren.

Hallo, Sie da! Ja, Sie!
Sind Sie noch frei?
Wir suchen Mitglieder für die Partei.

Der kleinste Baustein im Gesellschaftswesen ist für mich die Familie. Und wenn dieser Baustein schon morsch und zerbrechlich ist, wie soll dann das sich daraus ergebende Gebilde tragfähig sein beziehungsweise werden.

Betrachten wir also einmal die Familie unter dem Aspekt sozial.

Gesellig ist sie und auch gesellschaftlich, aber auch genau das Gegenteil von sozial, nämlich individuell und egoistisch. Ist sie dann überhaupt sozial?

Weil Individualität und Egoismus in der Familie überwiegen, folgt daraus wohl:
Die Familie ist asozial!

Soziologen werden diese dilettantische Schlußfolgerung belächeln und dagegenhalten, daß ich es mir bei meinen Überlegungen zu einfach gemacht habe.
Aber hat es sich nicht schon tausendfach bewiesen, daß simple Betrachtungsweise einer Problematik schneller zu Lösungen führen kann als hochtrabende, wissenschaftliche Untersuchungsmethoden? Lassen wir die Wissenschaft einmal beiseite und betrachten wir sie, unsere asoziale Familie.

Gesellschaftlich steht sie doch absolut außen vor. Sie stört mehr als daß sie nutzt. Die von ihr verursachten Probleme wachsen der Gemeinschaft über den Kopf, die Familie ist für unsere Gesellschaft nicht mehr tragbar. Und genau unter dieser Ablehnung leidet die Familie, und wenn nicht ganz schnell ein Umdenken geschieht, wird es sie schon bald gar nicht mehr geben.

Aus welchen Bausteinen setzt sich dann aber die Gesellschaft zusammen? Es drängt sich die Vorstellung auf, daß nur noch Individuen und Egoisten existieren, ja und die sind, weil individuell und egoistisch, ja auch asozial.

Quintessenz all dieser Überlegungen ist die Erkenntnis, daß Gesellschaft, egal in welcher Darstellungsform, ein asoziales Gebilde ist, weil Individualität und Egoismus immer dominieren werden.

Ich bin dafür, daß wir dies akzeptieren, da wir ja Teil dieser Gesellschaft sind.

Nur bei der Verwendung des Wortes sozial werde ich nach diesen Überlegungen in Zukunft so meine Schwierigkeiten haben.

Auch mit meiner eigenen Individualität habe ich mich humorig auseinandergesetzt.

Dabei kam dies heraus:

Ich sitz' am Watt und denke wat
so einfach vor mich hin.
Wat ist das Watt, und wat bin ich?
Weil ich doch auch wat bin.

Das Watt ist wat für Stunden nur
im Wechsel der Gezeiten.
Und ist es weg, dann fehlt uns wat,
das kann man nicht bestreiten.

Wat geht und wat dann wiederkommt,
ist ähnlich nur, nicht gleich.
In diesem Wandel ist das Watt
unendlich und sehr reich.

Und wat bin ich? Die Frage bleibt.
Bin ähnlich ich dem Watt?
Auch ich bin wat für kurze Zeit,
und Wandel findet statt.

Unendlichkeit ist wat für's Watt
und wirklich nichts für mich.
Bestimmt ist mir die Endlichkeit,
gewandelt scheide ich.

Gesellschaft
Wie ist sie?

Es sind doch gerade die egoistischen Individualisten, die die Gesellschaft beleben, wobei ich hier nicht den krankhaften Egoismus meine, sondern die gesunde Portion Eigenliebe, auf die keiner verzichten sollte.

Denn gerade dieser gesunde Egoismus bewirkt doch, daß der einzelne zunächst für sich sorgt und seine Lebensgrundlage schafft. Ist dies vollbracht, kann er aus dieser kraftvollen Position heraus die überschüssige Kraft dem Gemeinwesen, will heißen seinem nächsten, widmen.

Ich vertrete die Auffassung, daß erst durch die Eigenliebe das Gefühl erkannt wird, nämlich bei uns selbst, was es heißt, geliebt zu werden.

Wenn ich mich selbst akzeptiere, mit allen Schwächen und Stärken, nur dann wird es möglich sein, dieses Erlernte an einen anderen weiterzugeben. Dann ist auch das für mich einzige und wichtigste Gebot umsetzbar:
Liebe Deinen nächsten wie Dich selbst.
Wer seinen nächsten liebt, wird ihn weder bestehlen, belügen oder ihm sonst einen Schaden zufügen wollen, weil er es sich selbst ja wohl auch nicht antäte.

Es wird immer deutlicher, daß die Einhaltung dieses Gebotes genügen könnte, schon im kleinen Kreis für mehr Miteinander als Gegeneinander zu sorgen.

Um meinen nächsten zu erreichen, ist es unbedingt nötig, daß man miteinander kommuniziert. Hier steht uns manchmal die Technik sehr entgegen.

Auch diese Problematik habe ich versucht, in Versform mit Humor auf den Punkt zu bringen.

Das Laufen fällt so dann und wann
im Alter etwas schwer.
Der einzelne sich überlegt,
wie das zu ändern wär'.

"Strong walking" wird da propagiert,
das heißt, wer stramm marschiert,
mindestens einmal jeden Tag,
den Körper gut trainiert.

Das Joggen und der Marathon
sind Sportlern vorbehalten,
der Ältere hat mehr davon,
gemäßigt "Schritt zu halten".

Und wer da meint, was soll der Schmäh?
Von A nach B zu kommen,
benutz' ich meinen PKW.
Bleib' ihm dies unbenommen.

Ich halt' dagegen, daß zu Fuß
man einfach mehr erlebt,
trifft Menschen, deren lieber Gruß
die Tagesstimmung hebt.

Im Auto Kommunikation
ist gar nicht möglich, fehlt,
gefragt ist nur Konzentration
auf den Verkehr, die zählt.

Da vorne bremst wer, weil er fremd,
die Hiesigen, sie fluchen:
"Was fährt der Auto, wenn er pennt?
Der hat hier nichts zu suchen!"

In der Karosse, anonym,
fühlt jeder sich als King.
Der and're wird zum Ungetüm.
Wenn er zu Fuß doch ging.

Und die Moral, ich sagt' es schon:
Ein Walk ist sehr erfreulich.
Doch sitzt im Auto die Nation,
ich finde das abscheulich.

Miteinander reden, das ist wichtig. Hierbei sollten sich Zuhören und Äußern möglichst die Waage halten. Und genau diese Kunst ist der heutigen Gesellschaft abhanden gekommen. Sie krankt, im wahrsten Sinne des Wortes, an der Unfähigkeit, eine "gesunde" Unterhaltung zu führen.

Machen Sie, lieber Leser, doch die Probe auf's Exempel. Gemütliches Beisammensein, Telefonat, Unterhaltungen in öffentlichen Verkehrsmitteln, am Arbeitsplatz oder sonstwo haben zu vielleicht 80% als Thema Krankheit, Diät, Umweltbelastung und daraus resultierende gesundheitliche Störungen.

Den Tenor dieser Unterhaltungsart habe ich versucht, humorig aber auch kritisch zu verversen.

Hallo, wie geht's?
Sind Sie auch so schlecht dran,
wie Frau Schulze von oben
oder ihr Mann?

Sind Sie mit dem Neusten
schon infiziert?
Gegen Dummheit hilft Alphax,
haben Sie's schon probiert?

Was höre ich da?
Sie sind nicht auf Diät?
Sie trinken Ihr Bier
auch noch abends ganz spät?

Sagen Sie mal,
sind Sie noch zu retten?
Sie existieren,
ganz ohne Tabletten?

Was sagen Sie?
Sie sind völlig okay?
Ihnen tun nicht mal
die Knochen weh?

Wissen Sie was?
Sie sind nicht normal!

Wissen **Sie** was?
Sie können mich mal!

Wer es, wodurch und wie auch immer, geschafft hat, nur zu leben, und das für ihn Vorgesehene zu akzeptieren, fällt in unserer Gesellschaft unangenehm auf, gilt einfach nicht als normal.

Zu dieser Thematik gehört auch der in meinen Augen unkritische Umgang mit Pharmaerzeugnissen, den ich einmal mit kritischem Humor betrachtet habe.

Die Physiker, die Chemiker,
auch die Biogenetiker,
sie forschen, testen, suchen,
woll'n den Erfolg verbuchen.

Die Hoffnung ist begründet:
Wer suchet, der auch findet!

Soweit, so gut, und mein Respekt,
was mancher Forscher hat entdeckt,
war für die Menschheit ein Gewinn.
Dies ist für mich des Forschens Sinn.

Doch neigt der Mensch zum Übertreiben,
kann selten auf dem Teppich bleiben.
Und auch beim Forscher im Labor
tritt diese Neigung oft hervor.

Weil unermeßlich die Natur,
kommt man so manchem auf die Spur.
Was Jahrmillionen war versteckt,
wird dank der Technik heut' entdeckt.

Man nähert sich des Pudels Kern
und bleibt von ihm unendlich fern.

Heureka, da zeigt sich Virus B,
dazu noch Bazillus C und D.
Es jubelt die Pharmaindustrie,
ein neues Geschäft schon wittert sie.

Experimente sind angesagt,
das Gegenmittel muß
schnell auf den Markt.

Über Tests und was man ausprobiert,
wird haarklein das Volk
schon informiert.

Weil vielen fremd die Pharmazie,
entwickelt sich prompt
'ne Volkshysterie.

Man ist völlig ratlos und verschreckt.
Worin ist das Virus denn versteckt?

Vielleicht in den Eiern,
im Brot und im Speck?
Flugs sind die Sachen
vom Speiseplan weg.

Die Milch wird verteufelt
und auch der Salat,
weil man genug Wehwehchen schon hat.

Dann kommt der Tag
und mit ihm der Wandel,
das Gegenmittel ist im Handel.

Per Werbung und sonstiger Publikation
wird aufgefordert die Nation,
sich gegen das Virus zu immunisieren
und schnellstens
das Mittel auszuprobieren.

Verantwortung doch,
die will man nicht tragen,
drum sollen wir erst die Ärzte fragen.

Die Nebenwirkung, das Risiko,
trägt man alleine, sowieso.
Drum fragen dazu Sie doch direkt
einfach Ihren Intellekt.

Es ist erschreckend, feststellen zu müssen, in welchen Mengen Medikamente eingenommen werden, in der Hoffnung, mit der Tablette alle Unannehmlichkeiten in den Griff zu bekommen.

Selten stellt man sich die Frage, ob unser individuelles Unwohlsein nicht seine Ursache in uns selbst hat. Ist es nicht häufig so, daß falscher Umgang mit den "Alltagsproblemen" Ursache vieler Unpäßlichkeiten ist?

Ich hatte das Glück, vor vielen Jahren auf einen Menschen zu treffen, der mir erklärte, daß Krankheit keine Strafe, sondern ein Geschenk sei.

Anfangs konnte ich mit dieser Aussage überhaupt nichts anfangen und brauchte eine ganze Zeit, bis ich begriff.

Krankheit ist doch nichts anderes als das Signal des Körpers, daß das Gleichgewicht im Menschen, nämlich die Einheit aus Körper, Geist und Seele eine Unregelmäßigkeit erfahren hat. Und gerade dieses Signal der Physis wird meines Erachtens übertrieben schnell medikamentös bekämpft.

Ursachenforschung in uns selbst ist verpönt. Und dies ist das Geschenk der Krankheit. Sie will uns anhalten, über uns nachzudenken, denn oft, nicht immer sind wir durch falsches Verhalten selbst die Verursacher gesundheitlicher Störungen. Und wie immens groß dieses Geschenk "Krankheit" sein kann, erfährt man dann, wenn die Ursache in uns selbst gefunden wurde. Diese Erkenntnis entwickelt ja die Fähigkeit, eigenes Verhalten zu ändern, und so vorbeugende Maßnahmen zu ergreifen. Von angewöhnten Verhaltensweisen sich zu trennen, ist zugegebenermaßen außerordentlich schwer, aber den Versuch wert.

Aus meiner eigenen Lebensweise möchte ich, des besseren

Verständnisses wegen, einmal ein ganz praktisches Beispiel geben.

Es widerfährt uns eine sehr unangenehme Sache. Unsere erste Reaktion ist in den meisten Fällen lautes, wütendes Schimpfen.
Das ist auch ganz okay. Nur sollte man nicht in dieser Wut verharren, denn sie ist für unser Reagieren der denkbar schlechteste Ratgeber. Tiefes Durchatmen ist angesagt. Danach sind wir in der Lage, den Fakt so lange "cool" zu betrachten, bis wir den lächerlichen Aspekt gefunden haben. Man ist also fähig, die Angelegenheit zu belächeln. Jetzt hat man gewonnen, denn eine Sache, über die man gelacht hat, wird es ja wohl kaum schaffen, uns wütend reagieren zu lassen.

Schade eigentlich, daß diese Methode sich noch nicht herumgesprochen hat.
Die meisten Menschen vergeuden zunächst in nicht enden wollenden Wutausbrüchen ihre Kraft, und wenn diese Phase abgeschlossen ist, geht man auf die Suche nach dem "Schuldigen", obwohl in ganz vielen Fällen man selbst auch beteiligt sein kann. Es entwickelt sich doch tatsächlich die subjektive Meinung, man selbst sei unfehlbar und der schuldige andere müsse dies jetzt auch gezeigt bekommen. Folge dieser Verhaltensweise ist uns allen bestens bekannt, als Beispiel sei nur die unermeßliche Zahl von Nachbarschaftsstreitigkeiten angeführt.

Das Verhalten, für alles einen Schuldigen zu suchen, läßt sich auch auf das Thema "Krankheit" übertragen. Wenn wir uns nicht wohl fühlen, muß doch irgend etwas dafür verantwortlich gemacht werden können, nur nicht wir selbst. Diese Denkweise hat dazu geführt, daß heutzutage für alle Gesundheitsstörungen unsere Umwelt herhalten muß. Dazu gehört auch ein in meinen Augen schon fast hysterisches

Hygienebedürfnis. Wie soll unser Körper denn fähig werden, Abwehrkräfte zu entwickeln, wenn wir ihm hierzu gar keine Möglichkeit geben?

Zu diesen Gedanken habe ich auch einen launigen Vers verfaßt.

Vor Jahren beschloß
der liebe Gott:
Ich komm' auf die Welt
im Kohlenpott.

Da, wo ich aufwuchs,
gab's Industrie pur,
in 'nem Vorort von
Essen an der Ruhr.

Da, wo wir wohnten,
ganz nahe am Damm,
fließt heut' noch die Emscher,
mit all ihrem Schlamm.

Es ist oft passiert,
der Deich ist gebrochen,
dann kam sie auch
in's Haus gekrochen.

Na, sicher war's eklig,
es wurd' auch geflucht.
Man hat, wenn man's konnte,
das Weite gesucht.

Wir konnten nicht weg,
wir mußten bleiben.
Na, super, sonst hätt' ich
ja heut' nichts zu schreiben.

Zurück, wo waren
wir stehengeblieben?
Ach so, ja, wir sind
in Karnap geblieben.

Wir Kinder empfanden
das Baden als Qual,
drum gingen wir
schwimmen im Kanal.

Im Garten, Sie werden's
nicht glauben, gedieh
Kartoffel und Möhre,
auch Sellerie.

Und war's auch nicht reif,
es wurd' rausgerissen
und richtig herzhaft
hineingebissen.

Und wenn uns're Mutti
den Tisch hat gedeckt,
hat uns ganz einfach
alles geschmeckt.

Bei mir zum Schluß
sich die Frage erhebt:
Wie kommt's, daß ich
all das bis heut' überlebt?

Und nun denkt mal nach
Ihr Umwelt-Philister.
Brauchen wir wirklich
'nen Umweltminister?

Den "Dreck", in dem ich aufwuchs, kann nur ermessen, wer vielleicht die Nachkriegszeit selbst mitten im Ruhrgebiet erlebt hat. Und bemerkenswert ist, daß wir Kinder doch relativ gesund aufwuchsen.

Ich frage mich heute oft, woran dies gelegen haben mag. Es war niemand da, der uns den unbestritten giftigen Schlamm der Emscher analysierte oder täglich mitgeteilt hat, welche Schadstoffe die umliegenden Zechen, Kokereien, Elektrizitätswerke und stahlverarbeitenden Betriebe ausstießen. Ganz zu schweigen von den Brennmaterialien, die in den Haushalten verheizt wurden. Und weil wir das alles nicht wußten, hat es uns psychisch auch gar nicht erreicht, und was viel wichtiger ist, nicht belastet.

Vielleicht ist nun das, was ich mit den Versen zum Ausdruck bringen wollte, besser verständlich.

Und weil das nun mal so ist, wie es ist, fällt es mir unsagbar schwer, mich mit Begriffen wie "hygienisch rein" und "porentief sauber" anzufreunden, und nicht nur das, ich finde sie, wie so vieles in diesem Bereich einfach übertrieben.

Warum ist uns allen denn das gesunde Mittelmaß verlorengegangen? Ich kann mich mühen wie ich will, ich finde keinen Lebensbereich, in dem nicht maßlos übertrieben wird. Schade!!!

Und wer nun, nach diesen Ausführungen, zu dem Eindruck gekommen sein sollte, ich sei ein unverbesserlicher Nörgler, den möchte ich mit den nun folgenden Versen ein wenig milder stimmen.

Es sind Gedanken, die Konfirmation betreffend. Und während ich mich mit dieser Thematik beschäftigte, wurde mir sehr deutlich, daß wir unser ganzes Leben lang ständig konfirmiert werden. Nicht nur die kirchliche Gemeinde konfirmiert, sondern eigentlich alle Gemeinschaften, denen wir uns anschließen.

Und je vielfältiger und unterschiedlicher diese Gemeinschaften sind, desto mehr bereichern sie unser Leben. Geben sie uns doch allen irgendwie das Gefühl von Geborgenheit.

Meine "Gesellschaftskritik" hat eigentlich ihre Ursache in dem Wunsch, daß jeder einzelne mit geringfügigen Verhaltensänderungen dazu beitragen könnte, daß mancher Trend gestoppt wird und günstigstenfalls sogar eine Umkehr erfährt.

Und nun die verversten Konfirmationsgedanken.

Der Mensch als Individuum
ist einzig, nicht allein,
schon wenn er auf die Erde kommt,
fängt ihn Gemeinschaft ein.

Im Kreise der Familie,
sie ist der kleinste "Haufen",
beschließt man zeitig, macht ein Fest
und läßt den "Neuling" taufen.

Begründet ist die Konfession,
zu der man nun gehört.
Als Mitglied der Gemeinde dann,
der Kreis schon größer wird.

Dann wächst man munter so heran,
besucht den Kindergarten,
und kann, kaum daß man "sechse" ist,
die Einschulung erwarten.

Und die Gemeinschaft, die uns trägt,
ist jetzt schon ziemlich groß.
Doch sind in der Gemeinde wir
passives Mitglied bloß.

Mit 14 wird dann festgelegt,
weil wir jetzt nicht mehr Kind,
vorbei ist die Passivität,
Zeit, daß aktiv wir sind.

Gemeinschaftlich kommt der Beschluß,
daß man uns konfirmiert.
Aktives Mitglied sind wir jetzt,
der Bund gefestigt wird.

Und mit der Konfirmation,
da ist die Zeit gekommen:
In der Gemeinschaft werden wir
jetzt in die Pflicht genommen.

Es wird sich zeigen, ob man's schafft,
dem anderen zu geben,
Gefühle der Geborgenheit,
weil wichtig sie für's Leben.

Gesellschaft
Wir brauchen sie!

Hätten wir sie nicht "unsere Gesellschaft", es würde uns etwas fehlen.

Für mich ist der Gedanke besonders erfreulich, daß jeder einzelne seine "eigene Gesellschaft" hat. Manche sind sich ähnlich, aber gleich sind sie sich nicht. Und eben diese Vielfalt macht das Leben bunt und sollte uns alle reizen, "über den Gartenzaun" zu gucken. Dort ist nicht selten etwas zu finden, das uns unbekannt ist. In der Auseinandersetzung mit diesen "Entdeckungen" wächst die Fähigkeit, seine "eigene Gesellschaft" immer wieder aufs neue zu überprüfen und gegebenenfalls zu verändern.

Änderungen unseres Umfelds sind aber nur möglich, wenn wir selbst uns ändern. Unser Agieren ist doch Auslöser der Reaktionen. Wer sein eigenes Verhalten einfach festschreibt und Wandlungen nicht zuläßt, wird erfahren müssen, daß auch in seinem Umfeld die Suche nach Veränderung vergebens ist. Ergebnis dieser Erfahrung könnte dann Resignation sein, und wer will schon resignieren? Keiner, und doch geschieht es. Wie anders könnte es denn gedeutet werden, wenn man auf die ehrliche Frage nach dem Befinden als Antwort "na ja, es muß" bekommt?

Ja, und hieran könnte, nein sollte man doch etwas ändern.

In diesem Zusammenhang komme ich zurück auf meine Ausführungen über die Notwendigkeit der Kommunikation in der Gesellschaft und die Feststellung, daß hier etwas verkümmert. Manche Gespräche haben nur noch etwas mit "sprechen" zu tun, und daraus ergeben sich dann Unterhaltungs-Kuriositäten wie die folgende:

"Guten Morgen, wie geht's?"
"Ach, sehr schlecht."
"Schön zu hören, bis bald mal!"

Vielleicht ist Ihnen, lieber Leser, etwas Ähnliches auch schon passiert, und es ist müßig, danach zu fragen, wie Sie sich gefühlt haben.

Viele alltägliche Gespräche bestehen aus der Aneinanderreihung von nichtssagenden Floskeln.

Wer sich einmal den Spaß gemacht hat, solche Floskeln wörtlich zu nehmen und dann ehrlich zu beantworten, hat die Lacher auf seiner Seite. Und was befreit uns mehr, als ein herzhaftes Lachen?

Hier ein paar Proben aus meinem Alltag.

Bei ungezählten Telefonaten beginnt der Anrufer das Gespräch mit:
"Hallo, wie geht's?"
Schon in der Klangfärbung der Frage ist die Erwartung der Antwort:
"Ja gut, und selbst?" zu erkennen.
Nun ist es an uns, sich etwas einfallen zu lassen, um diesem Floskel-Austausch zu entgehen.
Die Frage, wie es mir geht, habe ich so beantwortet:
"Der Volksmund sagt: 'Schlechten Menschen geht es gut.' Ich muß ein sehr schlechter Mensch sein, denn es geht mir sehr gut."

Anfänglicher, aber kurzer Verwunderung über diese unerwartete Reaktion von mir, folgte ein vergnügliches Lachen,

26

und dies war in allen Fällen eine gute Basis für das sich anschließende Gespräch, selbst wenn dieses einen durchaus ernsten Anlaß hatte.

Ähnliche Erfahrungen sind zu machen beim täglichen Einkauf. Nachdem man seine Einkaufswünsche kundgetan hat, kommt die obligatorische Frage:
"Haben Sie sonst noch einen Wunsch?"
Anstatt mit einem knappen "ja" oder "nein" zu antworten, äußere ich tatsächlich vorhandene Wünsche, beispielsweise im Bäckerladen: "Aber sicher, ich brauche noch einen neuen Wintermantel."
Auch hier weicht kurzes Verdutztsein dem schmunzelnden Vergnügen.

Ist nicht der schönste Ausdruck unseres Gesichts ein Lachen oder Lächeln? Wir brauchen es nicht einmal zu lernen, es entwickelt sich von ganz allein in unseren frühesten Kindertagen. Wir sollten uns bemühen, es zu erhalten.

Sicher, dem einen oder anderen fällt es leichter oder schwerer, aber ich glaube nicht, daß es einen Menschen gibt, der es überhaupt nicht kann. Dagegen sprechen auch alle meine Erfahrungen.

In uns allen, so behaupte ich einmal, ist die Fähigkeit, uns selbst und andere zum Lachen zu bringen, nur mancher läßt diese Möglichkeit ungenutzt. Er entwickelt sich zunehmend zum Konsument lustiger Fremdunterhaltung, ohne sich selbst einzubringen, vielleicht aus Furcht, ausgelacht zu werden.

Wenn wir unsere eigenen Unzulänglichkeiten und Schrullen humorig angehen, wir uns also selber auslachen, immunisieren wir uns gegen das unangenehme Gefühl, von anderen ausgelacht zu werden.

Denn wir sollten uns doch bewußt machen, daß wir es nicht verhindern können, von anderen ausgelacht zu werden. Genauso irrig ist die Annahme, wir könnten beeinflussen, was andere von uns denken. Bedauerlicherweise ist dieser Irrglaube aber weitverbreitet und hat nach meinem Dafürhalten fatale Folgen. Was gesagt und getan wird, geschieht nicht aus dem eigenen Wollen heraus, sondern erst, nachdem die Frage: "Was wird der denn denken, wenn.....?" abgeklopft wurde. "Der" wird immer denken, was er will, unser Einfluß darauf ist gleich Null.

Ja, und dann gibt es auch die Möglichkeit, wenn man wissen will, was der andere denkt, ihn danach zu fragen. Es fällt mir nicht schwer, mir vorzustellen, welche Überraschung da auf uns wartet.

Warum fällt es den meisten so schwer, diese "Ur-Neugier" zu befriedigen? Bietet sie doch eine Möglichkeit unter vielen, uns selbst besser kennenzulernen.

Dieses Verhalten hätte meiner Meinung nach noch einen positiven Aspekt. Einige, völlig sinnlose Redewendungen könnten aus dem Sprachgebrauch verschwinden.
Dabei denke ich an: "Was sollen denn die Nachbarn denken .....", "das tut man doch nicht", "was macht das denn für einen Eindruck?" Es läßt sich doch erkunden, was gedacht wird, und welchen Eindruck was macht. Warum fehlt so vielen dazu der Mut? Warum werden Sachen gesagt und getan, nur um zu "beeindrucken"?

Die unter diesem Aspekt gemachten Äußerungen und Taten sind doch reine "Show", und das Kartenhaus des "guten Eindrucks" wird über kurz oder lang in sich zusammenbrechen.

Ist es da nicht viel einfacher, sich so darzustellen, wie man wirklich ist? Es wird sich schon zeigen, wer uns mag und

28

wer nicht. Oder sollte es Mitmenschen geben, die annehmen, daß alle sie lieben?

Ich sehe Sie, lieber Leser, schmunzeln, und ich tue es auch, denn diese Annahme ist wirklich lächerlich.

In diesem Zusammenhang komme ich zurück auf das Anfangskapitel und meine Überlegungen zu meiner eigenen Individualität.

Jeder von uns ist "was" und kann "was", der eine dies, der andere das. "Alles" ist und kann niemand. Ist es nicht ganz leicht, wenn man dies erkannt hat, zu den eigenen Unzulänglichkeiten zu stehen und sie nicht "vertuschen" zu wollen?

Könnte es vielleicht sogar sein, daß es gerade unsere "Macken" sind, die das Interesse des anderen an uns wecken? Dem Ganzen ist noch eine positive Sichtweise abzugewinnen. Es wird nämlich ausgeschlossen, daß unsere Fehler "entdeckt" werden, wobei ich diesen Begriff ganz wörtlich meine. Eine solche "Entdeckung" ist für den einzelnen ja eine ganz unangenehme Sache, die auf das weitere Miteinander sehr oft negative Einflüsse hat.

Und dann stellt man sich ja wohl die Frage, ob das nicht zu verhindern war.
Es war.

Immer, wenn ich mich mit solchen Gedanken beschäftige, fallen mir prompt sehr treffende "Volksweisheiten" ein. Oft werden sie verwendet, aber über den tieferen Sinn wollen oder vielleicht können auch viele nicht nachdenken.

Zu dem Vorhergesagten paßt nach meinem Dafürhalten das Sprichwort: "Was Du nicht willst, das man Dir tu, das füg' auch keinem andern zu." Wollen wir uns denn ständig damit beschäftigen, dem anderen die "Tarnkappe" zu entreißen? Und umgekehrt damit rechnen müssen, daß das gleiche auch bei uns versucht wird? Wird mit derartigen, an sich unsinnigen Bemühungen nicht unnötig Kraft und Zeit regelrecht verschwendet? Kraft und Zeit wären doch viel nutzbringender einzusetzen.

Gehen wir doch erhobenen Hauptes das Risiko ein, hie und da auf Ablehnung zu stoßen. Und weil wir damit gerechnet haben, gibt uns unsere innere Kraft die Fähigkeit der toleranten Akzeptanz. Danach können wir uns immer noch überlegen, ob es nicht einmal wieder an der Zeit ist für eine kleine Veränderung von uns selbst. Hierzu habe ich im zweiten Kapitel schon Andeutungen gemacht. Und wenn diese Frage mit "ja" beantwortet wird, was steht der Ausführung im Wege? Eigentlich doch gar nichts, also "auf zur Tat".

Ein Versuch lohnt sich immer. Er bringt uns zusätzlich die Erkenntnis, daß es ungleich schwerer ist, sich etwas ab- als anzugewöhnen. Um sich etwas anzugewöhnen brauchen wir auch weniger Zeit als zum Abgewöhnen. Wer trennt sich schon gerne von "alten Gewohnheiten"? Auch hierzu fällt mir so eine Art Sprichwort ein: "Was ich habe, weiß ich, was ich bekomme, ist ungewiß." Aber ist nicht alles Zukünftige eine recht vage Angelegenheit und mit enormen Risiken belastet?

Gut, es gibt Möglichkeiten, Risiken abzuschätzen und ihnen entgegenzuwirken, aber auszuschalten sind sie nicht. Was tun wir? Wir lassen die Sache auf uns zukommen. Wenn wir uns so verhalten können, was die Zukunft betrifft, weshalb tun wir uns dann so schwer, ungleich geringere Risiken einzugehen, indem wir uns zeigen und geben, wie wir wirklich sind?

30

Zugegeben, das war eine Menge Theorie.

Da ich Sie, lieber Leser, aber eigentlich unterhalten wollte, wird es Zeit, so glaube ich, Sie ein klein wenig an meinen Alltagserlebnissen teilnehmen zu lassen.

Meine Gesellschaft
Ich liebe sie!

Mittlerweile wissen Sie, daß ich alles, womit ich mich gedanklich auseinandersetze, irgendwann geverst dokumentiere.

Hier zunächst die "Auslöser-Geschichte", danach die "Reimerei".

Ganz in der Nähe unserer Wohnung gibt es eine Bäckerei. Wir essen sehr gerne leckeren Kuchen und besonders gern "Teilchen", wie man hier bei uns regional zu Apfeltaschen, Berliner Ballen usw. als Sammelbegriff sagt. Zu den "Teilchen" gehören auch "Schweineöhrchen", und gerade diese genießen wir mit Leidenschaft.
Aber gut müssen sie sein, das heißt, uns müssen sie schmecken. Im Laufe der Jahre haben wir so eine Menge verschiedener Herstellungsarten kennengelernt und für uns entschieden, die besten "Schweineöhrchen" stellt unser Bäcker in der Nachbarschaft her. Unterstützt wurden wir in dieser Meinung von Freunden und Bekannten, die wir gelegentlich an unserem Genuß teilnehmen ließen. Da diese Gebäckart nicht jeden Tag hergestellt wird, passierte es desöfteren, daß ich vergeblich danach fragte. Um der Enttäuschung entgegenzuwirken, vereinbarte ich mit dem Bäcker und seiner Frau, sie mögen das Blech mit den "Schweineöhrchen", wenn vorhanden, doch im Schaufenster plazieren, dann könnte ich bei meinem Gang in die Stadt schon feststellen, ob es welche gibt oder nicht. Gesagt, getan, es klappte

hervorragend, und ich möchte behaupten, es kam nur selten vor, daß, wenn das Blech im Schaufenster lag, ich keine "Schweineöhrchen" auf dem Nachhauseweg gekauft habe.

Vor einiger Zeit erfuhr ich dann, daß "meine Bäckersleute" sich zur Ruhe setzen wollten und die Bäckerei verpachtet hatten. Neugierig, wie ich bin, fragte ich also nach, wann es denn soweit sei, und man sagte mir, daß das bevorstehende Wochenende das offizielle Übergabedatum sei. Recht wehmütig kam ich zu Hause an. Schon bald waren die Gedanken gereimt, und dann kam die Idee, daß dieses Abschiedsgeschenk Freude machen könnte, denn sowohl der Bäcker als auch seine Frau kannten meine Reim-Leidenschaft, hatte ich sie doch gelegentlich mit meinen "Gehirnexplosionen" zum Schmunzeln gebracht.

Na, und wie groß die Freude war, als sie "ihren Spruch" bekamen, brauche ich wohl nicht zu beschreiben.

Genau betrachtet habe ich den Vers mehr für mich gemacht, um die Wehmut zu bewältigen, was ja auch gelungen ist. Erst der zweite Gedanke galt den "Verursachern". Schon gar nicht habe ich mich gefragt, was "die" wohl von mir denken, geschweige denn, ob "man" so etwas überhaupt tut.

Adieu, lebt wohl, bye bye und tschüß,
die Nachbarschaft zu Ende ist.

War'n wir auch nicht die Auserwählten,
wir dennoch hier zur Kundschaft zählten.
Genossen wir doch das Gebäck
vom Bäcker Feldmann dort am Eck.

Zum Hochgenuß sind auserkoren
die Riesen-Super-Schweineohren.
Es bleibt für uns zu hoffen nur,
Herr Weber hat die Rezeptur.

Mit jedem Schweineohr-Genuß
ich dann an Feldmann's denken muß.

Für Sie heißt's umorientieren,
den Alltag neu organisieren.
Es wird nicht leicht, mit Mut gelingt's,
das wünschen von Herzen Eure Mincks

Meine Handlungen sind sehr oft spontan, und so mancher
Vers entsteht "aus dem Handgelenk", wie der folgende, als
ich meiner Schwester auch telefonisch zu ihrem 50. Ge-
burtstag gratulierte. Damit der Versinhalt richtig verstanden
wird, noch der Hinweis, daß 14 Tage später mein Schwager
ebenfalls 50 wurde.

Wissen Sie was?
In Altenbruch
hat man ab heute
Alte genug.

Nomen est omen,
jetzt wird es eng.
Passen Sie auf,
es macht nächstens "peng!"

Im März da kommt
noch einer dazu.
Dann ist es soweit,
man heißt "Altenruh".

In "Altenruh", klar,
da läßt sich's gut schlafen.
Sie finden das Örtchen
gleich hinter Cuxhaven.

In meiner ersten Sammlung von "Alltagsgedichten" berichtete ich davon, daß meine Freundin Ulla mich bewogen hat, meine "Reimereien" zu veröffentlichen. Dem Leser dieser Sammlung wird dann aufgefallen sein, daß eine ganze Reihe von "Versempfängern" vorgestellt wurde, und Ulla nur bestenfalls zweimal mit einem Vers bedacht war. Dies erklärt sich dadurch, daß meine kleinen Gedichte immer Unikate waren und dem Empfänger allein gehörten. So ist der größte Teil heute gar nicht mehr vorhanden. Meine Manuskripte fing ich ja erst an zu sammeln, als Ulla mich darum gebeten hatte.

Schon beim Verfassen der ersten Sammlung habe ich im Bekanntenkreis nachgefragt, ob möglicherweise noch "frühgeschichtliche" Werke von mir vorhanden seien. Und es waren. So treffen heute bei mir Verse ein, die ich längst vergessen hatte, und die eigentlich schon in die erste Sammlung hätten aufgenommen werden müssen.

Auch Ulla hat mir ihr "Schatzkästlein" zur Verfügung gestellt, damit ich die für sie und ihren Mann kreierten "Sprüche" archivieren kann. Nachfolgend also die "antiken Fundstücke".

Liebe Ulla, ja ich weiß,
Du bist auf 'nen Vers ganz heiß.
Die Gelegenheit ist nun,
den Gefallen Dir zu tun.

Heute wirst Du 45,
mancher Kopf und Finger rührt sich.
Ja, und alle diese Leute
möchten Dich erfreuen heute.

In die Schar der Gratulanten,
Kinder, Mann und Onkel, Tanten,
stelle ich mich, bin so frei,
diesmal bin ich auch dabei.

Viele Jahre hab' indessen
den Geburtstag ich vergessen.
Heute ist es nicht passiert,
weil das Datum ich markiert.

Wie's so Brauch zum Wiegenfeste,
wünsch' ich Dir das Allerbeste,
Glück, Gesundheit, Gottes Segen
auf den weit'ren Lebenswegen.

Da ich wenig money habe,
sei dies Verslein meine Gabe.
Und ganz sicher, in der Tat,
nirgends gibt's ein Duplikat.

Hier sind nun, wie Du's gewohnt bist,
ganz viel Wörter von der   Doris

Ein jeder von uns einmal wird sich
3, 4, 5 und auch 46.

Der eine hält sich fit und jung,
begeht den Festtag mit viel Schwung.
Ein and'rer trauert nach der Jugend.
Dies halt' ich nicht für eine Tugend.

Schaut Euch nur uns're Ulla an,
die zeigt uns, wie man's machen kann.
Bereist den Globus und genießt,
was auf der Erde wächst und sprießt.

Auf geht's ins nächste Lebensjahr,
und alle bringen Wünsche dar.
Auch ich wünsch' Dir stets nur vom Besten
und setz mich einfach zu den Gästen.

Für Klaus zum 47. Geburtstag
Klaus ist Ulla's Ehemann und zu den Geburtstagen haben
wir uns nie etwas geschenkt. Da ich zu große Oberhemden
für meinen Mann gekauft hatte, und Klaus genau diese
Kragenweite hat, war also die Ausnahme da, und er be-
kam von mir ein Geschenk zum Fest.

Kaufte mal 3 Oberhemden
als Geschenk für meinen Mann.
Konnt' sie aber dreh'n und wenden,
es war zuviel Stoff daran.

Und der liebe Ehemann
sträubt sich sehr und spricht:
"So große Kragen will und kann
ich einfach tragen nicht!"

Die Hemden wurden nicht getragen,
lagen 'rum im Schrank.
Die Idee, nach ein paar Tagen,
hatte ich dann, Gott sei Dank.

Dachte nämlich so bei mir,
froh und voll Entzücken:
Diese Hemden schenk' ich Dir.
Mögen sie Dich schmücken.

Die Idee zur Tat gemacht
war in kurzer Zeit,
und wie ich es mir gedacht,
hast Du Dich gefreut.

Heute Dein Geburtstag ist,
und ein jeder rührt sich.
Wenn Du dieses Verslein liest,
bist Du 47.

Welch ein Glück, ich konnte Dich,
dieses Mal beschenken,
und ich werde sicherlich
heute an Dich denken.

Ulla's 50. Geburtstag, Mitte Oktober, meine Gratulation erfolgte aber erst in der ersten Novemberwoche.

Als ich meinen Besuch telefonisch ankündigte, erfuhr ich, daß Ulla von ihren Kindern einen mehrtägigen Aufenthalt auf einer "Schönheitsfarm" geschenkt bekommen hatte. Sie saß auf den gepackten Koffern, um dorthin zu fahren.

In einem längeren Telefonat ließen wir uns amüsiert darüber aus, welche Konsequenzen sich ergäben, wenn dieser propagierte "Jungbrunnen" Erfolg hätte.

Geschenk ist Geschenk, also machte sich Ulla auf zu neuen Erfahrungen.

Köstlich war die Bemerkung ihrer Kinder bei ihrer Rückkehr. Todernsten Gesichtes fragten sie: "Sag mal, war der Andrang dort so groß, daß Du nicht drangekommen bist?"

Ulla ist Ulla geblieben, und an ihrer "inneren Schönheit" konnte auch eine Schönheitsfarm nichts kaputtmachen. Der Aufenthalt wurde zur Entspannung und Erholung genutzt und so das Geschenk genossen.

Wie hast Du geierig gegiert
auf einen Vers, von mir kreiert.
Und 50 wird, ganz ohne Frage,
man schließlich nur an einem Tage.

Doch, Gott sei Dank, der Zustand hält:
12 Monate man 50 zählt.
So bleibt für Träge, so wie mich,
'ne Menge Zeit noch überich.

42

Und wie Du siehst, heut' ist's soweit,
Präsent und Vers liegen bereit.

Durch einen Anruf ich erfuhr,
Du machst jetzt erst 'ne Schönheitskur.

Erhol' Dich gut, laß Dich verwöhnen.
Gehörst ja eh schon zu den Schönen.

Das Ganze äußerlich nur ist.
Ich mag Dich so wie Du halt bist.
Kehrst Du zurück als Model dann,
so stell' Dich vor, schell bei mir an.

Ich freu' mich auf das Wiederseh'n
beim Kaffe und gepflegtem Klön.

Namenstags-Gratulationen sind bei mir nicht an der Tagesordnung. Sie sind vielmehr zufällig. Ich weiß heute nicht einmal mehr, wann "Ursula" gefeiert wird.

Als aber vor Jahren dieser Tag da war, an dem der "Ursulas" gedacht wird, und ich darauf aufmerksam gemacht wurde, stellte ich zu meiner Verwunderung fest, daß es in meinem Bekanntenkreis insgesamt sieben Ursulas gibt. Keine jedoch wird mit "Ursula" angeredet, gebäuchlich sind die abgekürzten Formen wie Ulla, Uschi und Ursel.

An diesem besagten Tag machte ich mir selbstredend das Vergnügen, allen meine Glückwünsche darzubringen. Die konfessionelle Zugehörigkeit blieb unberücksichtigt.

Heute ist Dein Namenstag!
Mancher ihn vergessen mag,
ganz im Gegensatz zu mir.
Herzlich ich Dir gratulier'.

Mach' den Tag Dir heute fein,
wirst ja nicht alleine sein.
Irgendwann im Lauf der Wochen
komm' ich wieder angekrochen.

Halt' den Kaffee warm für mich,
wenn ich dann besuche Dich.

Regelmäßige Namenstagsgratulationen bekommt meine Schwester Gaby, natürlich mit einem Vers und wieder Bezug nehmend auf ihr protestantisches Umfeld.

Weil heute ist Dein Namenstag,
ich Dich doch nicht vergessen mag.
Mittels der beliebten Strippe
gratuliert Dir Deine Sippe.

Da bei Euch am Weserstrand
Namenstage unbekannt,
übernimmt die Prozedur
die Bevölkerung der Ruhr.

Läg' es nah, das Altenbruch,
käm' ich heute zu Besuch.
Die Distanz ist groß, dennoch:
Vivat! Vivat! Lebe hoch!

Und Dein Fest tun wir begießen,
wenn den Kaffee wir genießen.

Weil es thematisch so gut paßt, hier noch ein Geburts-
tagsvers aus neuerer Zeit.

Liebe Ingrid, es addiert sich,
heute wirst Du 43.

Nimm den Fakt gelassen hin.
Schau, wieviel ich älter bin.
Und ich sag' Dir ganz vertraulich,
Alter ist verdammt erbaulich.

In uns wächst die Toleranz,
steh'n im Leben voll und ganz,
können aus Erfahrung schöpfen,
die sich stapelt in den Köpfen.

Jetzt, das glaub' mir, fängt sodann
erst das richt'ge Leben an.

Daß im Herzen Du heut' froh bist
wünscht ganz innig   Deine Doris

Wie sehr mich Alltagsereignisse anregen, diese in Versen darzustellen, ist ja inzwischen bekannt. Und da ich das Glück habe, nahezu täglich mit köstlichen Ungereimtheiten des Alltags konfrontiert zu werden, bleibt es nicht aus, daß das Verse-Repertoire ständig wächst.

Die Ursache der nachfolgenden Betrachtung ist ein Erlebnis mit der städtischen Verwaltung.

Dies hatte sich zugetragen:

Zu den Aufgaben eines Betreuers, und das bin ich für meine Schwiegermutter, gehört auch das gesamte Rechnungswesen.

Ich verabscheue nichts mehr als unbezahlte Rechnungen, geschweige denn Mahnungen. Und eben eine solche Mahnung flatterte mir von der Stadtkasse ins Haus. Wohlwissend, daß es keine unbezahlten Rechnungen gab, beschimpfte ich, natürlich in meinen eigenen vier Wänden, mit recht unschönen Ausdrücken die Absender. Dieser Ausbruch tat gut, und nun konnte die Sache "cool" angegangen werden. Der lächerliche Aspekt war schnell gefunden.

Man verlangte nämlich, zusätzlich zum Rechnungsbetrag, Nebenforderungen, wie Säumniszuschlag und Mahngebühr, und das in einer Höhe von DM 26,--. Und genau in diese Richtung gingen meine humorigen Gedanken, als ich den Brief verfaßte.

Da ich außerdem festgestellt hatte, daß ich den Betrag bereits drei Tage vor Fälligkeit überwiesen hatte, sah der Inhalt meines Schreibens an die Stadtkasse etwa folgendermaßen aus:

Unter einigen anderen Sachen, die aber weniger unterhaltsam sind, erklärte ich, wohl einen Riesenfehler begangen zu

47

haben, weil ich das Fälligkeitsdatum nicht beachtete und drei Tage zu früh bezahlte. Dann brachte ich meine Vermutung zum Ausdruck, daß auf den Stadtkassen-Konten wohl einige Unordnung herrsche, die man bitte korrigieren möge. Bei dieser Kontenabstimmung sei zu berücksichtigen, daß nicht die Stadtkasse an mich, sondern vielmehr ich nun eine Forderung an sie habe. Diese sei verursacht worden durch zeitaufwändiges Suchen in meinen Abrechnungsunterlagen, Anfertigung von Kopien, Erstellen dieses Briefes und Portokosten. Maßvoll, wie ich bin, setzte ich hierfür DM 30,-- an und forderte umgehenden Ausgleich per Scheck.

Die Heiterkeitsausbrüche beim Schreiben des Briefes kann man sich leicht vorstellen. Per Einschreiben ging er an die Stadtkasse, in der Erwartung, daß man, auf einen Irrtum aufmerksam gemacht, sich bei mir entschuldigen werde, und irgendwie war die Sache bei mir längst abgehakt, hatte ich doch schon mein Vergnügen gehabt.

Dann machte ich die Erfahrung, daß eine Verwaltung unfähig ist zu solch simpler Denkweise. Auch beim Verfassen von Schriftstücken tut man sich sehr, sehr schwer. Und aus dieser Not heraus tefefoniert man, so auch in meiner Angelegenheit.

Als Reaktion auf mein Schreiben kam eben solch ein Anruf. Ich fasse den Inhalt kurz zusammen, möchte aber bemerken, daß dieses Telefonat etwa eine Viertelstunde gedauert hat, und mein Beitrag zu 9o% im Zuhören bestand.

Nachdem ich mich gemeldet hatte, konstatierte der Anrufer, ich müsse ja enorm sauer sein auf die Stadtkasse. Es gelang mir, kurz zu äußern, daß dies nicht der Fall sei, sondern Heiterkeit mich erfülle.

Mein Gesagtes hatte aber wohl den anderen nicht erreicht,

denn er fuhr fort, ohne darauf einzugehen, langatmig darzu-
legen, daß nicht in der Stadtkasse der Schuldige zu suchen sei,
sondern möglicherweise bei der Feuerwehr.

Es fehlte auch nicht der Hinweis, welches immense Arbeits-
pensum jeder einzelne Sachbearbeiter täglich zu erledigen
habe.

Ich ging auf all dies nicht ein. Wieder sehr umfangreich
wurde dann geschildert, wie der Anrufer selbst mächtig
Staub aufbewirbelt habe, als ihm einmal privat vom RWE un-
gerechtfertigt eine Mahnung zugesandt worden war. Auch
diese Schilderung blieb von mir unkommentiert. Das ganze
fing bereits an, mich mächtig zu langweilen. Die Langeweile
wurde aber jäh unterbrochen, als mein Gesprächsteilnehmer
erklärte:
"Bevor Sie danach fragen, die Mahnkosten brauchen Sie na-
türlich nicht zu bezahlen."

Meine Antwort war zunächst schallendes Gelächter und
dann:
"Diese lächerliche Frage hätte ich niemals gestellt. Ich habe
aber noch eine 'gute' Frage: Wo bleibt mein Scheck?"

Ernsthaft wurde mir bestätigt, daß dies eine wirklich 'gute'
Frage gewesen sei, die aber nur der noch nicht ermittelte
Schuldige beantworten könne.

Unter anhaltendem Lachen erklärte ich, man möge die
Schuldigensuche fortsetzen und bei Erfolg mein Schreiben
zuständigkeitshalber dort vorlegen. Man sagte zu, in dieser
Weise zu verfahren und das Gespräch war zu Ende.

Die Heiterkeit, die mich noch stundenlang erfüllte, ist einfach
unbeschreiblich. Ich erwartete nun, wenn man die Zuständig-
keit abgeklärt hat, daß von dort aus die Entschuldigung er-

folgt.

Nichtsdergleichen geschah, kein Anruf, kein Brief.

Geduldig ließ ich mehr als zwei Wochen verstreichen, denn auf eine Entschuldigung legte ich doch Wert.

Kurzerhand setzte ich mit einer ersten Mahnung die Stadtkasse in Zahlungsverzug, mit dem Hinweis, daß durch dieses Schreiben meine Forderung um weitere DM 30,-- wachse.

Wieder tat sich nichts. Notwendig wurde nun die zweite Mahnung, selbstverständlich verbunden mit weiteren DM30,-- Kostenerhöhung und dem Hinweis, daß die dritte Mahnung durchschriftlich auch an den Bürgermeister geht und danach der Mahnbescheid ansteht.

Inzwischen waren etwa anderthalb Monate vergangen, und siehe da, die Stadtkasse reagierte mit der Kurzmitteilung, daß alle meine Schreiben weitergeleitet wurden an die Feuerwehr.

Na, nun würde der gordische Knoten zerschlagen, so nahm ich wenigstens an, als wenige Tage später ein Brief von der Stadtverwaltung eintraf. In diesem brachte man, nun schriftlich, zum Ausdruck, daß man Verständnis für meinen Ärger habe und legte genauso ausführlich, wie der erste Anrufer, nun aber nachlesbar dar, wie überaus strapaziös die Arbeit der Stadtkassen-Sachbearbeiter bei der Bewältigung von 1.000 Buchungsfällen täglich ist. Hierfür möge ich doch bitte Verständnis haben. Abschließend wurde noch im allseits bekannten Beamtendeutsch darauf hingewiesen, daß die Erstattung meiner Kosten mangels Anspruchsgrundlage nicht möglich ist.

Jeder, der mich kennt, kann sich vorstellen, mit welchem Vergnügen ich reagierte.

Ich bat in der unterwürfigsten Form darum, mir zu helfen, eine Anspruchsgrundlage zu erlangen. Ausführlich legte ich wieder dar, wie die Kosten entstanden waren und versäumte auch nicht zu bemerken, daß dieses Schreiben weitere DM 30,-- koste.

Darauf die lapidare Mitteilung, daß kein Anspruch bestünde, und man bedauere, keinen günstigeren Bescheid geben zu können.

Es hatte sich mittlerweile eine köstliche Dokumentation entmenschlichter, bürgerferner Verfahrensweise der Verwaltung angesammelt, die zur Erheiterung so mancher Unterhaltung beitrug. Nun war abzusehen, daß ich "mangels Fähigkeit" der Verwaltungsstellen wohl bis zum "Sankt Nimmerleinstag" auf die Entschuldigung werde warten müssen.

Unter dem Gesichtspunkt, "denen muß geholfen werden", gab ich in Schreiben an die Feuerwehr und den Bürgermeister zur Kenntnis, daß ich auf Kostenerstattung, angewachsen auf stattliche DM 180,--, verzichte und diesen Betrag spende für ein einzurichtendes Seminar für städtische Bedienstete zur Wiedererlangung verlorengegangenen Sprachgutes. Es fehlte auch nicht der Hinweis, daß das unbekannte Wort "Entschuldigung" im Duden zu finden sei zwischen den Begriffen "entschrotten" und "entschweben". Zu entschrotten gibt es eine ganze Menge, entschwebt sei man bereits, und das Gute liegt, wie immer, genau in der Mitte.

Schmunzelnd stelle ich fest, entschuldigt hat man sich immer noch nicht.

In der Zeit, in der diese Korrespondenz sich entwickelte, hatte ich den Wunsch, leicht satirisch die überproportionierte

51

Verwaltung in Versform darzustellen.

Vielleicht ist es mir gelungen, hier das Ergebnis:

80 Millionen Bürgerlein,
die werden jetzt sortiert,
weil dann, was ja verständlich ist,
verwalten leichter wird.

Zunächst, so überlegt man sich,
wir trennen nach Geschlecht.
Wenn jeder nur die Hälfte hat,
kommt man schon gut zurecht.

Doch sind es immer noch zu viele,
entschieden wird recht bald,
die Gruppen einfach zu halbieren:
Die Hälfte jung, die Hälfte alt.

Ein weiteres Kriterium
ist flugs auch schon zur Hand:
Geteilt durch 4 die Gruppe wird
nach dem Familienstand.

Und auch in diesem Sortiment
ist blitzschnell zu erkennen:
Es bieten Möglichkeiten sich,
ein weit'res Mal zu trennen.

Wie sieht es mit der Arbeit aus?
Na klar, wir haben's schon:
Die halbe Jugend ohne ist,
das halbe Alter in Pension.

Konfessionell da könnte man
Divisor 5 doch wählen,
und jede Gruppe würde dann
1/2 Milliönchen zählen.

Und so wie sich der einzelne
bewegt und vorwärtskommt,
ergibt sich als Kriterium
der nächste Teiler prompt.

Weil Möglichkeiten viele sind
beim Fahren und beim Geh'n,
entscheidet man sich kurzerhand
für den Divisor 10.

Spätestens jetzt wird jedem klar,
man kann es konstatieren,
es kommt doch wirklich was heraus
beim Bürgerleinsortieren.

Auch der Besitz des Haustiers stellt,
und das ist wunderbar,
ein weiteres Kriterium
zum Dividieren dar.

Die Hunde und die Katzen gibt's
in vielerlei Gestalten,
auch Vögel, Fische, Huhn und Schaf
kann artenreich man halten.

Insekten und Reptilien,
auch Nager sind zu seh'n
und vieles, vieles andere,
wir teilen nun durch 10.

Die Gruppe, 5.000,
ist zu überschauen.
Beginnen wir nun,
die Verwaltung zu bauen.

Getrennt werden muß
in verschiedene Sparten.
Da braucht man 'ne Menge
Verwaltungsarten.

Weil jeder ein Bürger
und individuell,
geht allen ein Licht auf,
und zwar ziemlich schnell.

5.000 sind wir,
flugs wird halbiert:
So kommt es, daß einer
den andern regiert.

Ist das nicht die Lösung?
Man könnte doch glatt
Verwaltung entfernen
in Bund, Land und Stadt.

Das alles ist Spaß,
doch schau' ich mich um,
seh' ich nur Verwaltung,
kaum Publikum.

Es scheint mir fast so,
daß das, was hier steht,
nicht Zukunftsvision,
sondern Realität.

Belustigt stelle ich fest, daß ich mich ganz leicht einer der 5.000er-Gruppen zuordnen kann. Ich gehöre zu denen, die weiblich, alt, verheiratet, mit Arbeit, katholisch, Fußgänger und Aquariumsbesitzer sind und außerdem regiert werden.

Liegt hierin nicht eine witzige Idee zu einem unterhaltsamen Gesellschaftsspiel? Machen Sie, lieber Leser, doch die Probe auf's Exempel, und sortieren Sie spaßeshalber Ihre "eigene Gesellschaft" nach den vorgegebenen Kriterien.

Die Vielfältigkeit des Ergebnisses wird Sie überraschen.

Und nun viel Spaß dabei!

Daß auch die banalsten Alltäglichkeiten geignet sind, uns selbst und andere durch humoriges Betrachten zum Lachen zu bringen, verdeutlicht die nächste Geschichte.

Als wir vor vielen Jahren umgezogen waren, brachen wir nicht alle Brücken zur alten Heimatgemeinde ab. Peu à peu aber orientierten wir uns immer mehr in der neuen Gemeinde, nur unsere Bankverbindung beließen wir am alten Wohnort. Dies hatte zur Folge, daß die Barabhebungen an fremden Geldautomaten mit stetig steigenden Gebühren belegt wurden. Und bei einer mehrköpfigen Familie braucht man desöfteren mal etwas Bares. So entschlossen wir uns, bei einer hiesigen Bank ein Guthabenkonto einzurichten, daß es uns ermöglicht, Barabhebungen kostengünstiger zu tätigen.

Im Laufe der Jahre entwickelte sich eine wirklich angenehme Geschäftsbeziehung, wobei ich bemerken möchte, daß unser Budget so unbedeutend klein ist, daß die Verwendung des Wortes "Geschäft" fast eine Anmaßung ist. Kurz und gut, alle, Bank und wir, hatten nie Grund zu irgendwelchen Klagen.

Dann, eines Tages, kam ein Brief von der Bank, in dem mitgeteilt wurde, daß man sich durch die äußerst angenehme und vertrauensvolle Zusammenarbeit der letzten Jahre veranlaßt sehe, uns einen Dispokredit einzuräumen.

Klar, daß uns diese Vertrauensbekundung mächtig stolz machte. Dankend nahmen wir das Angebot an und, wie nicht anders zu erwarten, in gereimter Briefform.

Ich ließ es mir auch nicht nehmen, den Vers persönlich abzugeben und direktemang das Lachen der Angesprochenen zu erleben.

Hier nun das, was wir mitzuteilen hatten:

Am Dienstag, da teilten
per Post Sie uns mit,
wir hab'n ab sofort
bei Ihnen Kredit.

Die Ursache macht uns
mächtig stolz,
und sind wir in Not,
bei Ihnen gibt's "Holz".

Man kann ja nie wissen,
wie alles so geht.
Schön, wenn die Bank
dann zur Seite steht.

Grundsätzlich aber
werden wir weiter verfahren,
so, wie in den vergangenen Jahren.

Sie sind der Rendant
uns'rer 3 Mark 10,
doch für Ihr Vertrauen
ein "Danke schön".

Als ich damals meine erste Verssammlung unter dem Titel "Der Alltag, ein Gedicht" erstellt hatte, konnte niemand, am wenigsten ich selbst, absehen, wieviel Spaß Gereimtes auch einer größeren Öffentlichkeit macht. Da ich schon immer der Meinung war und auch weiterhin sein werde, daß fast jeder solch simple Reimereien zustandebringen kann, hatte ich mir eigentlich eine Reihe Nachahmer erhofft. Aber nur ganz vereinzelt ist man diesen Weg gegangen. Ich werde zu einem späteren Zeitpunkt auf die Nachahmer zurückkommen.

Vielmehr erreichen mich Wünsche, zu allen möglichen Anlässen Verse zu "schmieden".

Da meine Reimereien fast ausschließlich meiner Spontaneität entspringen, habe ich bei diesen Wünschen oftmals große Bedenken. Der Wünschende erfährt von meinen Zweifeln, und ich weise im vorhinein auf möglichen Mißerfolg meiner Bemühungen hin. Im Laufe der Zeit hat sich aber herausgestellt, daß ich fast nie Mißerfolg zu vermelden hatte, wenngleich nicht alle Ergebnisse gleich gut waren.

Diese Ausführungen waren meines Erachtens notwendig, denn das nun folgende Geschichtchen entspricht im Ablauf exakt dem soeben geschilderten Schema.

Werner und Katja sind seit längerem verlobt und haben bislang, aus welchen Gründen auch immer, das Heiraten hinausgeschoben. Vor etwa einem Vierteljahr wurde Katja schwanger, und beide freuen sich riesig auf den Nachwuchs. Sofort waren die Heiratspläne präsent, und man begann mit den notwendigen Vorbereitungen.

Unter vielem anderen ging es auch um die Gestaltung der

Einladungskarten zum Fest. Das, was die beiden sich ausgedacht hatten, erschien mir sehr originell, sollte doch die Heiratsmitteilung folgendermaßen lauten:

Wir heiraten am ....
zum ersten- und zum letztenmal
mit "Rückenwind".

Da Werner geschieden ist, soll diese Heirat verständlicherweise die letzte sein, und den Hinweis auf den Rückenwind empfinde ich als eine köstliche Verfeinerung der landläufigen Formulierung: "Wir müssen heiraten".

Die Karte sollte außerdem einen unmißverständlichen Hinweis geben, daß man beim Schenken von "Gegenständlichem" Abstand nehmen möge, weil vom Abfalleimer bis zum Zwetschgenentsteiner alles vorhanden ist. Freuen würde man sich über Bargeld für die im Herbst anstehende Babyausstattung.

Dieser Hinweis sollte einfühlsam, nicht zu krass, zart humorig und leicht verständlich sein. Mit diesem Wunsch trat man an mich heran. Trotz aller anfänglicher Bedenken bin ich mit dem Ergebnis zufrieden, hier ist es, entscheiden Sie selbst.

Vielleicht ist's nicht üblich
und auch nicht beliebt,
wenn Gästen man Tips
für Geschenke gibt.

Doch weil alles da,
der Hausstand komplett,
fänden ein Bar-Geschenk wir nett.

Wir würden es bei
der Bank deponieren
und damit den
"Rückenwind" ausstaffieren.

Angeregt durch diese "Rückenwind-Überlegungen"
entstanden unmittelbar danach auch die Verse für unsere
Hochzeits-Gratulation.

Am besten kommt der
im Leben voran,
das weiß ein jedes Kind,
wer für seine Pläne,
die er hat,
verfügt über Rückenwind.

Das Auto, es braucht
auf der Autobahn,
fährt man dahin geschwind,
für volle PS
viel weniger Sprit
bei ausreichend Rückenwind.

Doch mancher erfährt
auch Behinderung,
dies Segler und
Skispringer sind.
Sie profitieren keinesfalls,
trifft sie der Rückenwind.

Bewiesenermaßen,
das sei bemerkt,
bei allem zwei Seiten sind,
und dies gilt,
wie hier zu lesen ist
auch für den Rückenwind.

Die Heirat, die Ihr
beschlossen habt,
ich wirklich positiv find',
den gemeinsamen Namen
jetzt bekommt
auch Euer Rückenwind.

Familie, das ist
seit altersher
der Vater, die Mutter,
das Kind.
Familie, das seid
auch Ihr recht bald,
wenn da ist der Rückenwind.

Dann wird er verwirbeln
Euer Leben,
es kommt auch mal vor,
daß er spinnt,
und weil er ständig
wechselt die Richtung
wird Rücken- zu Wirbelwind.

Und wie es nun mal bei uns so ist, treten Großereignisse en gros auf. Im Abstand von zwei Wochen zu Werner's und Katja's Vermählung fand ebenfalls die kirchliche Trauung unserer eigenen Tochter statt.

Auch zu diesem Anlaß wurde meinerseits Poetisches erwartet.

Hier das Ergebnis:

Nun wurde auch seitens
der Kirche fixiert,
daß Ihr zwei für immer
zusammengehört.

Wir hoffen, daß dieser
symbolische Akt
nur Ausdruck ist,
wie eng Euer Pakt.

Das Amt und die Kirche
wird's nicht interessieren.
Die Ehe, die müßt Ihr
alleine führen.

Von dort erst tritt man
erneut in Aktion,
wenn Ihr es nicht schafft,
bei der Eskalation.

Es lohnt sich, den Partner
zu respektieren,
und auch seine Macken
zu akzeptieren.

Wenn Ihr unermüdlich
in Euren Versuchen,
gibt's Frieden, Freude
und Eierkuchen.

Nun komme ich noch einmal zurück auf meine Ausführungen, wie ich unsere Gesellschaft sehe. Hier insbesondere auf meine Schilderung, wie Nachbarschaftsstreitereien entstehen und nach meinem Dafürhalten vermieden werden könnten.

Auch unsere Hausgemeinschaft ist keine Insel des "inneren Friedens". Kleinste, in meinen Augen lächerliche Anlässe lösen endloses Palaver aus. Schon lange habe ich gelernt, diese Kleinigkeitskrämereien zu belächeln. Wo Aktionen oder Reaktionen erforderlich sind, erfolgen diese von mir mit einem "Lachen im Knopfloch".

Frappantes Ergebnis dieser Handlungsweise ist, daß mit den meisten Mitbewohnern völlig unverkrampfte Unterhaltungen möglich sind.

Vor einigen Monaten zog in die Nachbarwohnung eine junge Frau, etwa im gleichen Alter wie unsere eigene Tochter. Als wir uns miteinander bekanntmachten, stellten wir gegenseitige Sympathie fest.

Dann ergab es sich, daß sowohl wir als auch sie zwei Mitbewohnern Anlaß gaben, uns bei der Hausverwaltung anzuschwärzen.

Von dort aus trat man auch kurzerhand in Aktion. Es ging um den Wasserbrauch der in unseren Wohnungen verkehrenden Besucher und die Forderung, wir hätten die Besucher als ständige Mitbenutzer der Wohnung bei der Hausverwaltung zu melden. Man sei nämlich nicht bereit, mit anteiligem Wassergeld ungerechtfertigt belastet zu werden. Da es sich bei unserem Besuch keinesfalls um einen Dauergast handelte, und dies auch bei unserer jungen Nachbarin nicht der Fall war, erklärte ich dem Hausverwalter bei seinem Besuch in unserer Wohnung, er möge alle durch Besucher verursachte Mehrkosten unserer Nebenkostenabrechnung zuschlagen.

Die Lächerlichkeit dieser Angelegenheit animierte mich
prompt zu einer humorigen Aktion.

Nachdem ich mir von der Hausverwaltung die Erlaubnis
eingeholt hatte, im Hause eine Spendenaktion veranstalten zu
dürfen, verfaßte ich folgendes Schriftstück:

AUFRUF
zur
Spendenaktion

"Wasserverbrauch durch Besucher im Haus.."

Jeder Gast wird gebeten, für das von ihm verbrauchte
Wasser während der Besuchszeit einen Obolus zu entrichten.
Dieser kommt dann notleidenden Mietern bei Erhalt der
Nebenkosten-Abrechnung zugute.
Humor ist, wenn man trotzdem lacht!

Datum   eigenhändige Unterschrift

Diesen Zettel befestigte ich an einer sehr dekorativen
Spardose und plazierte beides im Hausflur auf den Briefkä-
sten. Erwartet hatte ich, daß dieser Jux so manchem
Nachbarn zu einem Schmunzeln verhelfen würde. Die
Sache nahm aber einen völlig anderen Verlauf.
Ich war gerade in unsere Wohnung zurückgekehrt, zwei

oder drei Minuten später, da läutete es. Vor mir standen zwei vor Wut platzende Nachbarinnen und erklärten lauthals, daß es von mir eine Frechheit sei, sie als notleidende Mieter zu bezeichnen. Wer meinen Spendenaufruf aufmerksam liest, wird feststellen, daß niemand, außer dem Verfasser, namentlich genannt ist. Auch der Vermieter hatte über die Informanten Stillschweigen bewahrt. Ich konnte also gar nicht wissen, wer sich durch unsere Besucher und die anderer übervorteilt fühlte. Aber als die beiden da vor mir standen, **wußte** ich, wer die Urheber dieser Lächerlichkeit waren, und diese Erkenntnis äußerte ich unter schallendem Gelächter.

Was dann noch alles an Unsinnigem geäußert wurde, lohnt nicht, niedergeschrieben zu werden. An meiner Heiterkeit konnte es aber nichts ändern. Um beruhigend einzuwirken, versprach ich das sofortige Entfernen der Spardose samt Spendenaufruf.

Man zog davon, ich aber unterließ es nicht, einigen Nachbarn von diesem Ereignis zu erzählen, dazu gehörte selbstverständlich auch unsere junge Nachbarin Anja. Welche Heiterkeitsausbrüche meinem Bericht folgten, ist leicht vorstellbar, und man bedauerte allgemein, den Aufruf nicht im Flur gelesen haben zu können. Der eine oder andere hätte auch Kleingeld in die Spardose geworfen. Das Amüsement war grenzenlos.

Anja war von einer solchen Handlungsweise im Umgang mit Alltagsproblemen völlig überrascht und mußte erst lernen, damit umzugehen. Dies fiel nicht schwer, weil sie Gefallen daran fand. Wir sind also das, was man buchstäblich unter guten Nachbarn versteht. Diese gemeinsame Erfahrung hat die Vertrauensbasis nur gestärkt.

In der Folgezeit unterhielten wir uns über alles Mögliche und Unmögliche. Natürlich haben wir auch über die Entstehung

67

meiner Versesammlung gesprochen und die beabsichtigte Veröffentlichung.

Ich beschäftigte mich gerade damit, wie ich die Widmung für meine Freundin Ulla in dem Buch formulieren wollte. Als das Ergebnis der Bemühungen vorlag, bat ich Anja um ihre Meinung.

Hier folgt, was sie zu beurteilen hatte:

U nd stellt sich im Leben
auch manches entgegen,

L achen, das hilft,
es ist wie ein Segen.

L aß von den Problemen
Dich nicht unterkriegen.

A m Ende da wirst
Du lachend siegen.

Es gefiel ihr so gut, daß spontan der Wunsch geäußert wurde nach einem Vers mit den Buchstaben ihres eigenen Namens.

Ich ließ sie nicht lange warten und heraus kam dies:

A llgemein herrscht doch die Ansicht,

N achbarschaft, die findet man nicht.

J eder lauert mit Bedacht

A uf das, was der Nachbar macht.

U nd man tut sich nicht genieren,

N achbarn auszuspionieren.

D as Ergebnis: Großer Schiet,

D a man nur die Hälfte sieht.

O ft die Neugier ist gestillt,

R eicht's auch nur zum halben Bild.

I ntrigieren sollt' man meiden,

S o kann man den Nachbarn leiden.

Ich würde mich freuen, wenn man unter dem Eindruck des Gereimten eine Selbstbetrachtung anstellt. Erfreuliches Ergebnis könnte sein, daß mancher erkennt, nichts geht über offene Kommunikation. Nur so können Mißverständnisse gar nicht erst entstehen.

Nun kommt ein tiefer Griff in das "Nähkästchen".

Etwa 16 Jahre ist es her, da besuchte ich einen VHS-Kurs, um meine Französischkenntnisse aufzufrischen und zu erweitern. Dieser Kurs wurde, weil irgendwie subventioniert, kostenfrei angeboten. Da unser Budget eine kostspielige Kursteilnahme nicht zugelassen hätte, griff ich erfreut zu bei diesem Gratis-Angebot und meldete mich an.

Während der ersten Unterrichtsstunden fragte unser "Professor" jeden einzelnen nach den Beweggründen, französisch lernen zu wollen. Das Spektrum der Antworten war groß. Die neue Sprache wollte man erlernen, um Frankreichurlaube intensiver erleben, französische Geschäftsverbindungen besser aufrechterhalten und den Kindern beim Lernen der Fremdsprache helfen zu können.

Als ich an die Reihe kam, wartete man gespannt auf meine Erklärung. Diese lautete: "Ich bin hier, weil das Lernen nichts kostet."

Damit hatte natürlich niemand gerechnet, und die ausbrechende Heiterkeit löste sofort die gespannte, gehemmte, jeder den anderen abschätzende Atmosphäre.

Diese gelöste Stimmung begleitete den Kurs über etliche Semester und ermöglichte uns, mehr spielend als paukend eine Menge zu lernen.

Die letzten Stunden des Semesters waren immer besonders entspannt und veranlaßten mich, deutsch-französische Verse zu verfassen. Diese lösten die gewünschte Heiterkeit aus und erfreuten unseren "Professor", waren sie doch der Beweis seiner erfolgreichen Bemühungen, uns diese schöne Sprache näherzubringen.

Als ich meine erste Sammlung zusammenstellte, wußte ich von diesen Versen, hatte aber keine Abschriften zur Hand.

Dann kam mir der Zufall zu Hilfe. Ich traf bei einem Gang in die Stadt unseren "Professor". Wir schwelgten in gemeinsamen lustigen Erinnerungen, und er erwähnte, daß meine seinerzeitigen Verse ihm so gut gefallen hatten, daß er sie bis heute aufbewahre. Kurzerhand bat ich, mir die Originale doch zwecks Archivierung zur Verfügung zu stellen. Bald lagen sie im Briefkasten, und hocherfreut gebe ich sie hier zum besten.

Chaque jeudi, so
ungefähr um halb acht,
ein jeder von uns
auf den Weg sich macht.

Nous allons à l'école
et sur les petites chaises
nous faisons
nos exercices françaises.

Mais ce n'est pas tout,
à la maison geht es weiter
et peu à peu
nous devenons gescheiter.

Und schaut man zurück
auf les semaines dernières,
nous réussissions,
war's manchmal auch schwer.

Je ne sais pas,
ob alle hier im Kreise
es lieben d'apprendre
auf heitere Weise.

Eins ist gewiß,
notre professeur n'est pas stur,
il a toujours
beaucoup d'humour.

Ma petite poésie
est maintenant fini,
je dis merci
pour tout j'ai appris.

Ein weiterer Abschnitt est fini,
und wieder sagen wir merci.

Nous avons appris beaucoup dazu
und wissen schon heute,
das ist nicht tout.

Es geht ja auch weiter,
après les vacances,
mit Ihnen als Lehrer,
quelle bonne chance.

Die Hoffnung bleibt,
der Mut nicht sinkt,
daß es uns eines Tages gelingt,
merci zu sagen,
sans allemand mot.

Mit Ihnen hoffen wir,
très bientôt.

Da beginnt nun heute
das 3. Semester
bei unserm Professor,
Steinmeier heeßter.

Ein Jahr ist vergangen,
wir lernen "français",
konjugieren die Verben,
il va und je vais.

Es wächst dabei ständig
notre repertoir,
bleibt auch so manches
noch très noir.

Doch wenn's uns gelingt,
parler le français,
nur einem gebührt
unser Dank, s'il vous plaît.

Auch dieses Gedichtchen,
es ist nun fini,
soll nichts weiter sagen,
als einfach "merci".

Nach diesem kurzen Ausflug ins "Mittelalter", geht es nun weiter mit Alltäglichem.

Vor einigen Jahren hatte unsere Stadtverwaltung die Neugestaltung des Rathaus-Platzes beschlossen. Daß eine Veränderung dringend geboten, war bei allen Gladbeckern unbestritten. Als aber die ersten Pläne veröffentlicht wurden, traten starke Zweifel auf, ob das, was die Zustimmung der Stadtväter bekommen hatte,

1. die Attraktivität der City steigern,
2. die Belebung der Innenstadt verbessern,
3. die Verkehrsprobleme lösen und
4. uns Bürgern überhaupt gefallen würde.

Während der langen Bauzeit wuchsen diese Zweifel, und als alles fertig war, traf ich kaum jemanden, der diese "Steinwüste" auch nur annähernd als gelungen empfand.

Versäumt hatte die Verwaltung nicht, unserem ehrwürdigen, alten Rathaus, erbaut Anfang dieses Jahrhunderts, die Fassade zu verschönern.

Dieser Kurzbericht war erforderlich, um den tieferen Sinn der folgenden Verse besser verstehen zu können. Und noch ein Hinweis scheint mir wichtig, was da zu lesen ist, habe ich exakt so erlebt.

Inmitten der City
steht ganz majestätisch,
auch architektonisch
sehr ästhetisch,
und trotzt dort dem Wetter
und jeglichem Sturm,
unser altes Rathaus
mit seinem Turm.

Man kann recht gut
seine Schönheit genießen,
weil riesige Plätze
es umschließen.

Doch symbolisiert
nicht diese Distanz
auch eine Menge
von Arroganz?

Und mir, dem
kleinen Bürgerlein,
flößt's massig Respekt
und Ehrfurcht ein.

Obwohl sie blöd ist
diese Haltung,
drinnen sitzt nur
die Stadtverwaltung.

Beherzt lenke ich
dorthin meine Schritte,
erreiche dann des
Platzes Mitte.

Hier ist vorbei
das städtische Leben,
nur Poller und Platten
mich umgeben.

Entrinnen möchte ich
dieser Qual,
drum haste ich
zum Hauptportal.

Die Schwingtür geöffnet,
der Schritt hinein.
Oh Schreck, Riesenhalle
und ich ganz allein.

Nur Leere und Stille,
geschlossene Türen,
riesige Stufen
nach oben führen.

Für Batterien
ein Sammelbehälter,
macht die Atmosphäre
nur noch kälter.

Ich bin doch nicht hier
zum Giftmüllentsorgen.
Eine Auskunft brauche
ich heute morgen.

Gespenstisch ist
dieses leere Gemäuer,
und mir ist beileibe
gar nicht geheuer.

Zwei Möglichkeiten
bieten sich an:
Benutz' ich die Treppe
oder links den Gang?

Da niemand zwecks Hilfe
ist zur Stell',
steig' hoch ich die Treppe,
und zwar ziemlich schnell.

Die Hoffnung, da oben
ist Leben zu finden,
hilft mir, die Furcht
zu überwinden.

Auch diese Etage
stellt sich dar
menschenleer, wie
es unten war.

Rechts wieder Treppe
und links ein Gang,
und diesen gehe ich
diesmal entlang.

Nichts ist zu hören
und auch nichts zu sehen,
mir bleibt nur eins,
einfach weitergehen.

Da, endlich 'ne Tür
und ein Schild daran.
Hoffnung: Hier treffe ich
jemanden an.

Per Zettel teilt man,
zu meinem Kummer,
mir mit eine
andere Zimmernummer.

Ich bieg' um die Ecke
und wieder 'ne Tür,
und hoffnungsvoll
trete ich näher ihr.

Auch hier ein Zettel,
man macht eben Pause,
zuständig sei wer
ganz oben im Hause.

Den Gang zurück
und die Treppe hinauf
stürme ich nun
im Dauerlauf.

Nachdem erreicht ist
das Ende der Treppe,
japsend ich mich
zur Schwingtür schleppe.

Vor mir ein Gang,
rechts hinten zwei Türen,
von Menschen aber
auch hier nichts zu spüren.

Flugs habe den Griff
ich schon in der Hand
von der Tür, deren Nummer
man mir benannt.

Die Tür verschlossen,
keinen Hinweis ich seh'.
Ist dies das Ende
meiner Odyssee?

Verzweifelt schaue ich
vor und zurück.
Da geht eine Tür auf
zu meinem Glück.

Heraus kommt jemand
auf leisen Sohlen,
fragt nach meinen Wünschen
ganz verstohlen.

Ich äußere knapp,
was ich suche hier.
Freundlich erklärt
dieser jemand mir,
ich möge bitte vor
dieser Tür warten,
er werde eine
Suchaktion starten.

Doch da ich schon müde
von dem Hetzen,
erbat ich 'nen Stuhl,
um mich hinzusetzen.

Und nun fand ich doch
Menschlichkeit pur:
Der Jemand stellte
'nen Stuhl auf den Flur.

Erschöpft auf den Stuhl
ich niederfalle
und fühl' mich wie
in der Leichenhalle.

Kein Telefon,
kein Maschinengeklapper,
kein Husten, kein Lachen
und auch kein Geplapper.

So warte ich etwa
'ne Viertelstunde,
da kommt mein Jemand
zurück von der Runde.

Erbittet von mir
noch etwas Geduld
und sagt, 'ne Besprechung
im Hause sei Schuld.

Dann plötzlich erscheinen
im Gang zwei Gestalten,
die da, wo ich sitze,
ihren Schritt verhalten.

Eine Schlüsseldrehung,
die Tür ist offen.
Ich kann wieder auf
die Auskunft hoffen.

Die Hoffnung wird
unvermittelt zerschlagen,
nachdem ich geäußert
meine Fragen.

Erklärt wird ausführlich,
so ein Mist,
daß dieses Ressort
nicht zuständig ist.

Im Keller, im Neubau,
da säße der Mann,
der meine Fragen
beantworten kann.

Ich frag' noch ganz kurz:
Wie komm' ich dahin?
Dann auf dem Gang
ich wieder bin.

Hier fange ich leise
an zu fluchen
und setze fort das
erbärmliche Suchen.

Mancher Gang, manche Treppe
war'n zu überwinden,
und plötzlich tat auch
'nen Lift ich finden.

Benutzte diesen,
komm' glücklich an
im Kellergeschoß
und find' "meinen" Mann.

Ich trage ihm vor,
weshalb ich komme,
darauf ich folgende
Antwort bekomme:

Befassen tät' er sich
mit solchen Fällen,
es sei aber schriftlich
ein Antrag zu stellen.

Die Antwort, die konnte
ja niemand erwarten,
mir blieb nur noch übrig,
den Rückzug zu starten.

Nachdem ich durchschritten
die Ausgangstür
und sah diesen leblosen
Platz vor mir,
da waren Respekt
und Ehrfurcht verschwunden,
ich hatte eine
Erkenntnis gefunden:

Genau so kalt,
wie Platz und Fassade,
ist's hinter den Mauern.
Eigentlich schade!

Die Riesendistanz
ist schnell überbrückt,
wenn es der
Stadtverwaltung glückt,
als Mensch, nicht als Übel,
den Bürger zu sehen,
und menschlich mit ihm
dann umzugehen.

Fortfahren möchte ich mit weiteren Alltagserlebnissen. Das folgende mag manchem Leser rührselig erscheinen, ist es aber ganz und gar nicht.

Die Bedienung einer Bäckerei in der City bleibt, wie viele andere auch, nicht verschont von meinen "losen Sprüchen". Bin ich dann hin und wieder der einzige Kunde, kommt es auch zu einem kleinen, privaten Gespräch.

Während einer solchen Unterhaltung erzählte man mir, daß es in Gladbeck eine ältere Dame gibt, die auch Spaß am Erstellen kleiner Gedichte hat. Sie habe auch einiges schon über einen Verlag veröffentlicht.

Neugierig erkundete ich den Namen und rief noch am gleichen Tag bei der "Dichterin" an. Ich erklärte ihr mein Interesse an ihren Werken und bat um ein Treffen.

Da sie fast jeden Morgen in der Bäckerei, die auch ein Café betreibt, frühstückt, verabredeten wir uns für den nächsten Tag in eben diesem Café.

Beide waren wir neugierig aufeinander, und dann saßen wir uns gegenüber. Gut zwei Generationen liegen zwischen uns, sie wird in diesem Jahr 89 Jahre alt.

Wir mochten uns auf Anhieb leiden, und eine reizende Bekanntschaft war ins Leben gerufen. Da sie mitten in der Stadt wohnt, ist es für mich ein Vergnügen, wenn ich an ihrer Wohnung vorbeikomme, anzuschellen, und jedes Mal ist sie riesig erfreut über meinen Besuch.

Inzwischen habe ich Gelegenheit gehabt, alle ihre Veröffent-lichungen zu lesen, und andererseits sie mit meinen Kreatio-nen bekanntzumachen. Im Vergleich unserer Niederschrif-ten dokumentiert sich die ungeheure Vielfältigkeit der

Poesie.

Bedingt durch ihren Lebenslauf ist sie außerordentlich naturverbunden und bringt diese Verbundenheit in ihren Versen und Kurzgeschichten eindrucksvoll dem Leser nahe. Und dann komme ich daher mit meinem Realismus. Aber vielleicht ist es gerade dieser extreme Gegensatz, der unsere Beziehung so belebt.

Kürzlich, als ich über diese Bekanntschaft nachdachte, entstanden die nächsten Verse, die natürlich umgehend bei "meiner Dichterin" abgegeben wurden.

Guten Morgen, Frau Strehlke!
Sie glauben es nicht,
ich habe verfaßt auch
für Sie ein Gedicht.

Wir sind so verschieden,
doch eins uns vereint:
Das, was wir denken,
das wird auch gereimt.

Zwischen uns beiden
sind Generationen,
und gerade deswegen
tut Austausch sich lohnen.

Sie widmen die Verse
der schönen Natur.
Humorig bin ich meiner
Zeit auf der Spur.

Wir kommen uns näher,
trotz Differenzen,
denn Zeit und Natur,
die sind ohne Grenzen.

Die Angestellten der Bäckerei, die ja großen Anteil an dem Zustandekommen dieser Bekanntschaft haben, verfolgen freundlich den Fortgang unserer Beziehung.

Und dann geschah das, was ich einige Seiten vorher bereits geschildert habe, man bat mich um etwas Gereimtes.

Vorgestellt hatte man sich eine humorige Darstellung eines Ehemannes, den ich überhaupt nicht kenne. Minimalhinweisen auf Eigenarten folgte die Mitteilung, daß eben dieser Ehemann in den nächsten Tagen sich einer Knieoperation unterziehen müsse, möglicherweise erforderlich geworden durch übertriebenen Sport.

Das war's, mit diesen Informationen ging ich nach Hause. Bald schon lieferte ich das Ergebnis ab.

Volltreffer! Hier ist es:

Hallo Partner, ich seh'
eine große Chance
im Erstellen einer
Zwischenbilanz.

Damit im Detail wir
uns nicht verlieren,
sind Akti- und Passiva
erst zu sortieren.

Die aktive Seite
ist Dein Ressort,
als passiver Posten
komme ich vor.

Wird dann zum Schluß
der Saldo gezogen,
wär's günstig,
die Summen sind ausgewogen.

Das, was wir waren
vor vielen Jahren,
hat manche Veränderung erfahren.

Wir haben verloren,
wir haben gewonnen,
und irgendwie sind
wir zurechtgekommen.

Doch da Du,
wie oben zu lesen ist,
der aktive Teil
der Partnerschaft bist,
kommt mir der Gedanke
von Zeit zu Zeit:
Geht Dein Aktivismus
nicht manchmal zu weit?

Dein Auto wird
jährlich inspiziert,
damit's sicher fährt
und nichts passiert.

Bereift wird es neu,
das Öl nachgefüllt,
der Motor gewaschen,
das Licht eingestellt.

Steht nicht schon längst,
mein lieber Mann,
eine Inspektion
auch bei Dir mal an?

Betrachten wir mal
die äuß're Erscheinung.
Ganz akzeptabel, meine Meinung.

Adrettes Gepflegtsein
und sportliche Haltung
sind nützlich für
die Frontgestaltung.

Am Chassis sind altersbedingt
ein paar Macken.
Sie stören nicht weiter,
man kann sie verpacken.

Das Laufwerk aber
ist mächtig lädiert.
Wurd' es vielleicht
zu sehr strapaziert?

Die Achse, die geht noch,
doch den Gelenken
sollte man mehr
Beachtung schenken.

Wenn die nämlich still
vor sich hin verrotten,
bleibt nichts and'res übrig,
man muß sie verschrotten.

Defektes Laufwerk
tut nicht nur behindern,
es trägt dazu bei,
den Gesamtwert zu mindern.

Nun schieb' sie nicht auf
die Prozedur,
wertsteigernd ist
diese Reparatur.

Persönlich werd' ich
zur Werkstatt Dich bringen,
versorgen Dich
mit den nötigen Dingen.

Und niemals wird mich
die Hoffnung verlassen:
Du wirst für'n Verkehr
wieder zugelassen!!!

Und würde heute
ein Saldo gezogen,
die Sache wäre
ganz unausgewogen.

Du läßt die Schäden
reparieren,
und ich verschieb'
das Bilanzieren.

Die nächsten Verse erzählen wieder, wie sollte es auch anders sein, ein wahres Alltagserlebnis. Da sich alle Details aus den Versen ergeben, verzichte ich auf zusätzliche Erklärungen.

Es war letztes Jahr
so zum Sommerende,
ich ging wie geöhnlich
zur Stadt.

Da kriegte ich
unterwegs kalte Hände,
ein Wetterwechsel
fand statt.

Nicht nur den Händen
die Wärme fehlte,
erschauern tat auch
der Rücken.

Na klar, daß sofort
zum Wichtigsten zählte,
mit Wärmendem
mich zu bestücken.

Ganz groß in Mode
war wieder die Weste,
das kam meinem Wunsch
sehr entgegen.

Sie ist meiner Meinung
im Herbst das Beste,
wenn's windet und
stürmt auf den Wegen.

Das Angebot groß,
und schwer war die Wahl,
ich konnt' mich so
recht nicht entscheiden.

Es war mir auch gleich,
welches Material,
die Form mußte ich nur leiden.

Ich schlenderte langsam
die Hauptstraße runter,
es gab ja nur eins,
was mich antrieb.

Und plötzlich gefiel mir,
ich wurde ganz munter,
eine Lederweste auf Anhieb.

Probiert wurde sie,
bezahlt, ab nach Hause,
das Teilchen war
super und chic.

Umziehen hieß es,
ganz ohne Pause,
ich fühlte mich wohl
in dem Stück.

Es war sehr bequem
und auch elegant
und hielt mich
ganz toffte warm.

Dann eines tags
'ne Begegnung stattfand,
beim Friseur
sie zustandekam.

Ich sitz' vor dem Spiegel
total relaxt,
als hinter mir
sich was bewegt.

Da seh' ich, daß jemand,
es ist verhext,
die gleiche Weste trägt.

Nun packt mich die Neugier,
die Weste steht
der andern auch
nicht schlechter.

Es ist 'ne Bekannte,
die da geht.
Begrüßung erfolgt
mit Gelächter.

Die Freude ist groß,
es stört uns auch nicht,
daß unsere Jacken gedoubelt.

Wir beide empfanden
sie als Gedicht,
die Vorzüge wurden bejubelt.

Vergangen sind Wochen
und Monate nun,
fast täglich geschleppt
wurd' die Jacke.

Man sieht es ihr an,
da gibt's kein Vertun,
sie hat auch schon
manche Macke.

Und heute geschah es,
so um halb zehn,
daß meine Bekannte und ich,
im Friseursalon
uns wiedersehn,
an die Weste erinnernd sich.

Der Wettstreit begann,
wessen Jacke wohl,
weil jeder sie häufig getragen,
am meisten mit
speckigen Flecken voll,
und keiner gab sich geschlagen.

Ergebnis der
reizenden Plauderei,
und das ist
für mich das Tolle,
verabredet wurde
eins, zwei, drei
demnächst 'ne
Speckkontrolle.

Recht doppeldeutig,
was wir kontrollieren
bei unserem Plauderstündchen.

Es könnte direktemang passieren,
wir prüfen versteckte Pfündchen.

Verdecken doch
unsere Lederjacken,
egal, wie speckig sie sind,
ganz elegant
figürliche Macken,
worüber wir glücklich sind.

Mein Repertoire ist für den Augenblick erschöpft, lieber Leser.

Ich brauche es nicht hoffen, ich bin sicher, daß manches, nicht alles, zum leichten Schmunzeln Anlaß gab. Wenn es dann noch gelänge, dieses Vergnügen auch auf Ihren Alltag zu übertragen, würde aus der "Gesellschaft perVers" die "Gesellschaft, ein Gedicht".

Inhaltsverzeichnis